AF260309

A Monsieur Gabriel de BELCASTEL,

Député de la Haute-Garonne à l'Assemblée Nationale.

Deo, Patriæ, Regi !

Monsieur le Représentant,

Bien que n'ayant l'avantage d'être connu de vous, je prends la liberté de recourir à votre obligeance en faveur d'une proposition dont la gravité s'imposera d'elle-même, je l'espère, à votre bienveillant intérêt.

Ayant reçu une information particulière touchant le préjudice que fait éprouver aux Carlistes l'indifférence de notre gouvernement, j'ai vivement à cœur de tenter pour eux un dernier effort auprès du Cabinet. Et à quel intermédiaire influent ferai-je appel, sinon à vous, Monsieur, qui réalisant en votre personne cette harmonie si belle de la foi et du génie, vous êtes constitué le premier champion de toutes les nobles causes ?

Autant et mieux que moi, Monsieur, vous devez confondre dans un identique sentiment de respect et d'amour Henri V et Charles VII. Fort de cette conviction dont je m'abstiens dès lors de développer les motifs, je viens donc vous soumettre le projet d'une prochaine interpellation à l'effet de faire reconnaître *belligérants* les héroïques volontaires de la lutte espagnole.

Naguère, fascinée par l'Aigle, la France assista muette, impassible au démembrement de la Pologne. La plume de nos diplomates et notre vieille épée gauloise, qui furent toujours d'un si grand poids dans les destinées du monde, demeurèrent immobiles en face de cet égorgement inique de nos frères dans la foi. Oui, c'est grâce à notre déshonorante inertie que le Vautour moscovite se rua sur le Prométhée slave et se rassasia de son autonomie! Or l'inéluctable impartialité de l'histoire imprimera au front de César ce stigmate indélébile à côté de tant d'autres en l'inculpant de cette forfaiture à nos traditions séculaires.

Mais aujourd'hui que l'Empire est tombé et que le drame sanglant des bords de la Vistule se renouvelle sur les rives de l'Ebre, oserions-nous encourir derechef les anathèmes de la postérité en refusant le tribut de notre sympathie à cette immense infortune ? S'il s'agissait d'octroyer à Don Carlos de l'or ou de la poudre, je comprendrais que l'on ne voulût prodiguer par-delà les monts des finances ruinées par nos propres désastres et le sang épargné de nos enfants, mais puisqu'une simple assurance de M. le maréchal de Mac-Mahon peut hâter de plusieurs mois le triomphe de l'ordre sur l'anarchie dans toute la péninsule ibérique, comment le « Bayard des temps modernes » refuserait-il son tout puissant suffrage à la cause la plus chevaleresque qui soit au monde ?

De grâce, Monsieur, implorez donc ce bienveillant arbitre du haut de la tribune de l'Assemblée.

L'ange de l'Espagne vous y précédera !.....

Interprétez avec le talent qui vous distingue les vœux et les angoisses de ce grand peuple si fier, qui de nos frontières Pyrénéennes aux Colonnes d'Hercule gémit de si longue date dans la flétrissure et qui dans les convulsions suprêmes de son affreuse agonie se raidit aujourd'hui contre la mort, les regars fixés sur l'Etoile de la France.

Par pitié, Monsieur, dépeignez-nous ces indescriptibles

douleurs avec toute l'énergie de votre incomparable éloquence. Faites-le pour Dieu, pour l'Eglise, pour la France et pour le roi !

Pour Dieu ! car chaque fois que le vent d'Espagne m'apporte au fond des Vosges les plaintes et les désirs de ces chers combattants, toujours s'y trouve unie l'expression de leur confiance en Celui qui seul leur concède cette indomptable bravoure rendant la défaite glorieuse à l'envi de la victoire.

Pour l'Eglise ! car dans sa prison vaticane il est un nouveau Moïse ne craignant pas d'offrir au Ciel ses prières, ses souffrances et ses larmes pour le succès de ces preux dont le cri de ralliement est : « Religion et Patrie. »

Pour la France ! car si elle naquit guerrière à Tolbiac, elle fut armée chevalier par saint Louis, et dût le libéralisme s'unir une fois encore à la démagogie pour étouffer vos accents, l'initiative en soulagera toujours les consciences honnêtes, et vos protestations réprimées n'en résonneront pas moins dans les profondeurs de l'histoire comme un cri d'alarme en face de la défaillance !

Pour Henri V enfin ! à tous points de vue, car son âme vraiment royale met encore au-dessus de toutes les exigences du cœur et de tous les liens du sang, le culte du droit et de la justice !

Je m'arrête, Monsieur, non sans m'excuser d'avoir déjà trop abusé de votre indulgence en me prévalant de sentiments qui certainement sont les vôtres dès longtemps.

Daignez donc me pardonner l'amplitude de cette requête en faveur de son mobile et l'accueillir avec une bonté égale aux douleurs qui l'inspirent.

Veuillez agréer, Monsieur le député, le respectueux hommage de mes sentiments les plus distingués.

Marcel JOYEUX.

P. F. Vosges, 8 Décembre 1873.

RÊVES D'OR

« *L'heure est à Dieu.* »
(Manifeste de Mgr le Comte de Chambord,
8 Mai 1871.)

Quand l'heure de la miséricorde aura sonné au cadran de l'éternité, la rénovation du monde s'opérera au souffle de la vraie renaissance catholique !

Alors, l'Eglise, mère de nos âmes, et la France, sa fille aînée, renoueront cette alliance séculaire, principe de toutes nos grandeurs !

Alors, le Prince Dieudonné se lèvera de l'Orient *« sicut sponsus procedens de thalamo suo, »* aux acclamations d'un peuple enthousiaste et ravi !

Alors, un grand prodige ramènera l'Enfant du miracle dans ce royaume « le plus beau après celuy des cieulx ! »

Alors, le Monarque privilégié, salué d'avance par toutes les prophéties modernes, et par l'Apocalypse elle-même, fera remonter sur le trône toutes les vertus qui furent l'apanage du plus saint de nos rois !

Alors, notre antique étendard fleurdelisé, enrichi selon les vues divines de l'emblème de Paray, se déploiera sous le Ciel apaisé comme un labarum d'espérance et abritera dans ses plis, désormais sans tache, le traité de paix conclu entre Dieu et les hommes !

Alors, une ancienne basilique qui fut il y a quatorze siècles le berceau de notre monarchie, reverra les fêtes du baptême de Clovis, dans les splendeurs du sacre d'Henri !

Alors, le plus fastueux décorum n'y pourra interpréter assez la double ivresse du patriotisme et de la foi !

Alors, l'Oint du Seigneur, l'Élu de sa droite, abaissera ses doux et fiers regards sur la multitude frémissante de bonheur et inclinée sous son sceptre comme la moisson dorée au souffle de la brise.

Alors, résumant en son cœur de « roi et de père » les vœux et les prières, la joie, la reconnaissance et l'amour de son peuple, il entonnera un cantique sublime auquel ciel et terre feront écho !

Alors, le sol tremblera en quelque sorte sous l'allégresse des enfants de Dieu, et la seconde demande de l'oraison dominicale sera enfin exaucée !

Alors, Reims en liesse exultera sa jubilation en d'indescriptibles transports, et reflétera un instant les beautés béatifiques : *Vox populi, vox Dei ! Cantate Domino canticum novum, laus ejus in ecclesia sanctorum !*

Alors, le droit et la justice, la religion et la vertu s'épanouiront à l'envi sur une terre purifiée, sous des cieux pleins de lumière et de paix radieuses !

Alors, ce livre dont l'incomparable caractère démontre à lui seul la divine origine, ce livre qui naquit un jour dans une solitude d'Egypte pour s'achever à deux mille ans de là dans une île de la Grèce, ce livre où vingt auteurs se passent la plume de main en main, écrivent sous l'empire d'une même idée et se rencontrent dans l'unité d'un plan identique*, ce livre, dis-je, deviendra le code universel des puissances comme des individualités, et tous les antagonismes se dissiperont au souffle régénérateur qui traversera le monde, par-delà les monts, par-delà les nationalités !

---

* Panégyrique de Dom Calmet par Mgr d'Angers.

Alors, ce Dieu, qui a pour domaine l'immensité, pour arme la justice, pour sceptre la puissance, pour couronne la sainteté, pour trône la miséricorde, pour essence l'amour, ce Dieu qui s'enveloppe d'une lumière inaccessible comme d'un vêtement et qui a écrit son nom au front des astres en lettres de feu, et sur la terre en lettres de fleurs, ce Dieu dont les cieux racontent la gloire, dont toutes les sphères publient les grandeurs, ce Dieu, principe et fin de toute chose, père et protecteur de toutes les âmes de bonne volonté, sera enfin plus connu, adoré, exalté, béni !

Alors, son Christ, cette figure unique autour de laquelle tout gravite de plein gré ou forcément, qui se dresse au sommet des âges comme un signe de contradiction entre la foi et l'incrédulité, qui se détache du lumineux ensemble de la révélation, entre les prophéties d'une part et leur accomplissement de l'autre*, cet Homme-Dieu devant lequel s'arrêtent dans dans leur succession fugitive toutes les générations humaines soit pour se prosterner à ses pieds dans l'adoration et lui murmurer un chant de reconnaissance et d'amour, soit pour branler la tête devant lui dans le délire du blasphème ; Celui qui en dépit des ineptes négations du scepticisme moderne, n'en est pas moins « la Voie, la Vérité et la Vie, » réalisera l'exergue triomphal dont l'Eglise se plaît à entourer la croix de Constantin : *Christus vincit, Christus regnat, Christus imperat !*

Alors, les ineffables et majestueuses harmonies de la nature, depuis le chant de la cascatelle jusqu'au mugissement des grandes eaux, depuis le murmure de la brise jusqu'au fracas de la tempête, depuis l'insecte qui bruit sous l'herbe jusqu'au roi des forêts, depuis la plainte du petit oiseau qui gémit sous la feuillée jusqu'au cri perçant de l'épervier sauvage, depuis le papillon qui folâtre jusqu'à l'aigle superbe qui se balance dans les plaines de l'air, depuis les feux du diamant

---

* Idée partielle de Mgr Freppel — *loco citato.*

jusqu'au scintillement des étoiles, depuis le galet de la grève jusqu'à la perle de l'abîme, depuis le parfum de la violette jusqu'aux senteurs des baumes orientaux, depuis l'aubépine du vallon jusqu'au cèdre du Liban, depuis la bruyère des Landes jusqu'aux palmiers de la plage africaine, depuis l'airelle des glaciers qui se développe sous la neige jusqu'à la rose de Jéricho qui s'épanouit baignée des pleurs de l'aurore au soleil de la Judée, ce cantique imposant et suave tout à la fois, sera d'autant mieux interprété, car :

Alors, l'homme, roi et prêtre de la création, comprendra davantage ce sublime concert de louanges, qui s'élevant de tous mondes, va se perdre dans l'immensité. Il dirigera lui-même ce chœur magnifique et résumera en lui ces mille voix inanimées ! Il leur donnera par sa pensée et ses affections le mouvement et la vie ; et sa prière, portée sur les ailes de l'amour, sera comme un écho de tout ce qui vit et respire ici-bas, un hymne au Verbe-Créateur et au Dieu éternel* !

Alors, le vieil honneur et la sagesse de nos pères redeviendront le patrimoine de la nation et veilleront derechef au seuil du foyer domestique !

Alors, le respect dans la hiérarchie et l'union dans l'amour se retrouveront au sanctuaire de la famille aujourd'hui déshonoré !

Alors, les parents se pénétreront davantage du rôle sublime incombant à la paternité chrétienne. Ils oublieront moins l'inestimable valeur du trésor confié à leur religieux et infatigable dévouement. Ils se souviendront que les cœurs de leurs enfants sont comparables à de la cire blanche et pure que Dieu leur abandonne pour la façonner à son image, et dont il leur demandera un compte rigoureux au jour des grandes manifestations !

Alors, s'élèveront de ces générations chastes et fortes dont il est écrit : « *O quam pulchra est casta generatio cum claritate !* ».....

---

* Mgr Landriot « *Le Christ et la Tradition.* »

Alors, l'enfance sera un sourire perpétuel et radieux, l'adolescence une aurore, la virilité un soleil à son midi, la vieillesse un chant du cygne, le soir d'un beau jour déjà illuminé des reflets de celui qui ne s'éteint pas !.....

Alors, luira cet âge d'or où l'on pourra servir son roi sans être traître à son Dieu !

Alors, la charité chétienne, suave et forte dans son essence comme dans ses manifestations, régira les sociétés contemporaines et y fera succéder la vraie fraternité catholique à l'odieux sophisme de nos révolutions ! « *Ecce quam bonum et quam jucundum habitare fratres in unum !* »

Alors, les anges du Ciel protégeront nos bataillons triomphants et sauvegarderont la gloire de nos drapeaux !.....

Alors, tous les voiles de deuil se déchireront : l'Alsace et la Lorraine affranchies à la même heure de l'oppression tudesque, seront unies dans les pages désormais radieuses de leur histoire comme elles le furent durant de longs mois dans la stérile compassion des peuples !

Alors, Strasbourg et Metz, ces deux cités sœurs, se donneront la main dans les joies de leur *rapatriement* comme dans les angoisses d'une commune captivité : « *Anima nostra sicut passer erepta est de laqueo venantium !* »

Alors, cette flèche incomparable de Notre-Dame de Strasbourg, cette merveille mutilée par la barbarie moderne, secouera le déshonneur de ses ennemis à jamais dispersés !

Alors, le R. P. Monsabré entonnera le *Te Deum* de la délivrance dans la cathédrale de Metz, sous des voûtes encore vibrantes de ses immortels accents !

Alors, les oppresseurs de l'Eglise jetteront vers le Ciel l'écume de leur rage impuissante et feront entendre une fois encore ce cri dicté par l'abîme à Julien l'Apostat : « Tu as vaincu, Galiléen ! »

Alors, le monde qui semblait se taire devant leur iniquité victorieuse n'aura plus qu'une voix pour les maudire, qu'un anathème pour les réprouver !

Alors, du haut du Ciel ouvert à leur héroïsme, les martyrs de nos discordes civiles auront obtenu au pied du trône de l'Agneau cet embrassement de la justice et de la paix décrit par le Roi-Prophète : « *Justitia et pax osculatæ sunt !* »

Alors, sur ce sol bouleversé par nos révolutions successives, sur cette glèbe rougie et détrempée du sang de leurs victimes et toute fumante en quelque sorte de la colère de Dieu, la miséricorde et l'amour descendront d'en haut comme la rosée sur l'herbe des prairies : « *Quasi stilla super herbam ! Sicut Ros Hermon qui descendit in montem Sion !* »

Alors, de tous nos monastères et nos cloîtres, ces sublimes oasis de la pénitence et de la charité, s'élèveront plus suaves que jamais les parfums de la prière et du sacrifice des saints !

Oui, alors, toutes ces âmes d'élite qui semblables à des harpes immatérielles, chantent sans cesse dans le silence des nuits les douceurs et les merveilles de l'amour divin, se multiplieront à l'envi sur tous les rivages du monde !

Alors, le culte de Marie, dont les voix les plus autorisées prédisent le prodigieux accroissement, s'épanchera comme un fleuve de vie de l'Orient à l'Occident !

Alors, Celle que l'amour et la gratitude des siècles ont si judicieusement nommée « l'Etoile de la mer » éclairera et protégera plus que jamais les heureux passagers de cette période privilégiée des âges !

Alors, le Héraut des miséricordes de la Reine des Anges, son Ambassadeur en ces jours de son Règne, convoquera tous ses enfants fidèles à la dédicace d'un temple miraculeusement édifié à sa gloire immaculée !

Alors, aux rives de la Mayenne, sur un rocher à pic qui en surplombe le cours, s'élèvera la statue colossale de Notre-Dame du triomphe : « *Victrix Inferni !* » portant en son cœur d'or les noms de ses enfants consolés !

Alors, ce Saint incomparable, ce Patriarche de l'ancienne et de la nouvelle alliance, cet Époux-Vierge d'une Vierge-Mère, dont chaque siècle en passant a rajeuni l'auréole, jouira ici-bas de l'apogée de sa gloire !

Alors, Jésus-Hostie, captif depuis dix-huit siècles, dans ses tabernacles insultés, y recevra enfin le retour de la reconnaissance et de l'adoration !

Alors l'oblation de son incessant sacrifice ne semblera plus devoir rester le partage et le trésor exclusif des déshérités de la fortune et de la gloire, mais le descendant de saint Louis flétrira par son auguste exemple les contempteurs actuels des mystères divins !

Alors, la Table sainte, désertée aujourd'hui par une foule parjure au plus ineffable amour, reverra la multitude des chrétiens régénérés, avide comme aux temps de la primitive Eglise, de participer chaque jour à la fraction du Pain !...

Alors, les prêtres ne pleureront plus entre le vestibule et l'autel sur l'indifférence des enfants de Dieu ; mais les foules recueillies inonderont les parvis de nos basiliques, riches et pauvres, grands et petits s'humilieront devant les tabernacles dans cette fraternité sublime dont la Communion des saints a seule le secret !

Oui, alors, les dalles du temple ne résonneront plus seulement sous les pas alourdis du pauvre vieillard, dépouillé de toutes les joies de ce monde, mais Henri de France, devenu l'arbitre des deux continents, y viendra s'agenouiller chaque jour et abaisser l'orgueil de son diadème devant le Dieu caché dans la solitude Eucharistique !

Alors, digne émule du vainqueur de Taillebourg, du héros de la Mansourah et de Damiette, il se dérobera à l'entraînement des affaires pour venir demander à la splendeur du Père, humiliée sous les voiles de l'amour, conseil, lumière et force dans le redoutable exercice de ses fonctions royales !

Alors, Marie-Thérèse de France, épouse accomplie de ce prince privilégié, fera rayonner sur le peuple le double éclat de sa bienveillance et de sa piété, et embaumera la douleur des pauvres dans les parfums de sa charité !.....

Alors, nos vieilles cathédrales, ces impérissables témoignages de l'antique foi des Gaules, se rajeuniront sous leurs manteaux de pierre, et secoueront la poussière des siècles dans l'incomparable hosannah qui fera tressaillir la terre : *« Lapides clamabunt ! »*

Alors, les ossements de nos Saints et de nos Martyrs ne subiront plus, sous maintes églises en ruines, l'outrage de reliquaires indignes de leur mémoire, mais seront partout transportés en grand pompe sous de nouveaux monuments de notre vénération reconnaissante : *« Et ossa pullulent de loco suo ! »*

Alors, la dévotion au symbole sensible de l'infinie charité du Verbe fait chair, nous inondera de ses feux divins ! Selon la parole inspirée du disciple que Jésus aimait : « Elle réchauffera la vieillesse du monde, » et tous, nous nous efforcerons de réparer par nos ardeurs et nos anéantissements l'ingratitude des générations d'hier envers Celui qui nous redit sans cesse : *« Deliciæ meæ esse cum filiis hominum. Præbe, fili mi, cor tuum mihi ! »*

Alors, le Roi très-chrétien réalisera enfin les désirs du Sauveur en ratifiant solennellement cette dédicace sculptée au frontispice du temple d'expiation : *« Christo ejusque sacratissimo cordi, Gallia pœnitens et devota ! »*

Alors, les cloches de Montmartre, écho vibrant de l'ineffable harmonie des âmes, chanteront entre le ciel et la terre le pardon de l'un, le repentir de l'autre et leur miraculeuse réconciliation !...

Alors, selon la pensée du saint Archevêque, les deux flèches du sanctuaire porteront aux nues l'hommage de nos adorations, et en feront descendre les faveurs divines sur tous les hommes de bonne volonté : » *Pax hominibus bonæ voluntatis ! Pax super illos et misericordia ! »*

Alors, ce monument d'ignominie qui insulte au cœur même de la France la foi, le patriotisme et l'honneur national, la statue de ce « bouffon sacrilége » qui, selon l'expression d'un grand évêque*, n'eut de français que l'esprit et le style, qui se servit tant de fois de sa plume pour rire de nos revers et rabaisser nos gloires, qui passa sa vie à ramper devant les grands et à mépriser les petits, à flatter les forts et à écraser les faibles, cet insulteur obscène de Jeanne d'Arc, l'héroïque et candide enfant de Domremy, cet adulateur des Anglais, ce chantre de Rosbach, ce courtisan fustigé de Frédéric et de Catherine II, cet homme, qui ne sut respecter ni une renommée, ni une grandeur morale, et ne permit jamais à la vertu de faire battre son cœur, ni à la pudeur de monter à son front; celui enfin dont l'infamie fit son dieu, et qu'il est même fastidieux de flétrir, tant il a réussi à fatiguer le mépris... cette statue, dis-je, que la démence couronna un jour de nos lauriers avilis, sera trainée dans la fange et réduite en poudre par un peuple désabusé !

Alors, nous n'endurerons plus cette douleur sans nom, parce qu'elle est trop intense, nous ne verrons plus l'Église persécutée par ses propres enfants, le socialisme vainqueur s'acharnant à déchirer sa robe sans couture, et à éteindre son flambeau en hurlant contre elle le blasphème et l'insulte..... Mais alors, parée de tous les joyaux de sa sainteté : « *sicut sponsa ornata viro suo* » l'Épouse immaculée du Christ parcourra les deux hémisphères, répandant à pleines mains les bénédictions et les grâces, comme une pluie de fleurs et d'étoiles sur l'universalité humaine agenouillée devant Elle !

Alors, un grand Concile se rouvrira sous l'égide d'un nouveau Charlemagne, toutes les théories subversives de l'apostasie contemporaine y seront définitivement stigmatisées; ainsi le libéralisme sous ses mille formes protéiques, les perfides principes de 89, soi-disant immortels et rédempteurs seront universellement balayés du seuil des consciences à l'instar d'un venin d'hérésie, et le Syllabus, ce code impérissable, tant bafoué des aveugles, sera enfin apprécié de tous comme

---

* Mgr Freppel — *loco citato.*

l'un des plus glorieux monuments du pontificat de Pie IX !

Alors donc l'ère* de nos révolutions inaugurée par la proclamation des droits de l'homme, s'éteindra sous la reconnaissance des devoirs envers Dieu ; les dépositaires du pouvoir, préposés au sommet des sociétés pour en harmoniser l'ensemble, se déclareront sans orgueil comme sans faiblesse les mandataires du Roi des rois ; l'infrangible intégrité de la vertu des rois constituera le plus beau diamant de leur couronne, et la quiétude de leur conscience fera renaître dans les cours un bonheur intime et profond, incompatible aujourd'hui avec les remords des renégats !

Alors, les deux Péninsules Italo-Ibérique relèveront de ses ruines la monarchie légitime, et sur ce trône séculaire si odieusement mutilé par l'anarchie, surgiront des rejetons pleins de sève, Charles VII et François II !

Alors, l'Angleterre secouant le mantel de l'erreur, redeviendra l'île des saints, la vraie Grande-Bretagne de saint Edouard, de saint Edmond et de saint Félix !

Alors, l'Irlande, cette terre classique de la foi et de l'honneur, cette noble plage où le génie d'O'Connel résonne encore dans toutes les âmes, s'unira à la Pologne dans l'universel cantique de la résurrection des peuples !

Alors, cette fumée d'hérésie, ces vapeurs morbides qui, émanées du bûcher de Wittemberg enténèbrent depuis lors des milliers d'intelligences et en oblitèrent les plus belles facultés, s'évanouiront aux clartés plus intenses des manifestations divines !

Alors, au faîte du Kremlin, le Vautour moscovite fera resplendir en ses serres les clefs étincelantes de Pierre infaillible, et tant d'âmes flétries par le schisme, refleuriront au milieu des steppes désolés de la Russie, comme l'églantine du désert au sourire du printemps : « *O desertum floribus vernans*** . »

---

* De Bonald.
** Saint Jérôme.

Alors le signe de la Rédemption foudroiera le Croissant du haut des minarets de Constantinople : la religion du Christ fera son entrée triomphale sous le dôme de sainte Sophie, et l'embaumera de son encens : la suavité de l'Evangile y succédera pour toujours à la tyrannie du Coran ; la civilisation chrétienne étendra son règne pacifique aux rives du Bosphore, sur les cendres de la barbarie musulmane ainsi anéantie dans son plus inexpugnable foyer, et les fils de l'Islam désenivrés du « *fatum,* » prendront rang parmi les enfants de la lumière dans l'intégrité d'un même culte et la plénitude d'une même vie !

Alors, une croisade suprême affranchira Jérusalem du joug de la Mecque : la francisque de Tolbiac et le glaive de Fierbois interprétant dans leur muette éloquence la foi et le patriotisme, monteront désormais une garde mille fois glorieuse au tombeau du Sauveur !

Alors, ce peuple déicide, aujourd'hui errant sous toutes les latitudes, sans trône, sans autel et sans sacrifice, cette antique tribu de Juda, jadis portion choisie de l'héritage du Seigneur, maintenant expirante et déshonorée sous les coups de sa justice, ces enfants de Sion qui, depuis le jour où ils lapidèrent les prophètes et crucifièrent le Messie, portent au front le stigmate indélébile de la malédiction divine, les Israélites, en un mot, verront enfin se briser la cédule dix-huit fois séculaire de leur réprobation !

Alors, cette terre de Palestine qui, après avoir soupiré durant quatre mille ans après la venue du Rédempteur : « *Rorate Cœli desuper et nubes pluant Justum,* » s'abreuva avec rage du sang qui la devait purifier, et revêtit depuis lors le lugubre aspect d'une désolation surnaturelle, ces mornes solitudes, elles aussi, tressailliront d'allégresse sous la rosée du pardon !

Alors, le Soleil de justice, en son glorieux couchant, projettera ses derniers rayons de miséricorde et d'amour sur la grotte qui le vit éclipsé sous de la paille et des langes, sur l'atelier de Nazareth, spectateur muet de son innénarrable immolation, sur Naïm, Capharnaüm et la Tibériade, témoins de ses prodiges, sur le cénacle qui abrita la première effusion de sa tendresse divine, sur les oliviers qui le virent agonisant, sur la voie douloureuse où s'imprimèrent ses sanglants vestiges, sur le sommet du Calvaire, enfin, détrempé des dernières larmes de son humanité expirante !...

Rome, alors, cet éblouissant reliquaire des immortelles espérances comme des immortels souvenirs, recouvrera ses splendeurs anciennes, ses imprescriptibles priviléges et sa très-sainte autonomie !

Alors, ce phare inextinguible, allumé il y a dix-huit siècles, par la main du Christ, resplendira d'un éclat insolite : émargeant de la tempête à peine apaisée, il irradiera ses reflets radieux sur la mer du monde, désormais calme et sereine sous son lumineux empire !

Alors, les quatre vents du ciel porteront jusqu'aux extrémités du globe les décrets promulgués sur ce Sinaï d'amour !

Alors, du haut du balcon de saint Pierre, consacré dès longtemps à ce sublime usage, redescendront sur la ville sainte et l'univers entier : « *Urbi et Orbi,* » les bénédictions qui consolent et les miséricordes qui purifient !

Alors, les vaisseaux de saint François-Xavier parcourront toutes voiles dehors, les rives des deux pôles, et cet Ange que l'on vit parcourant le ciel, l'Evangile à la main, pressera sans mesure son vol infatigable* pour devancer partout les pionniers de la bonne nouvelle auprès des peuplades encore plongées dans les ombres de la mort !...

Ainsi se réaliseront les vœux de tous ceux qui croient, qui espèrent et qui aiment : Peuples et rois, je le répète, ne formeront qu'un cœur et une âme : « *Cor unum et anima una,* » sous l'indéfectible autorité du Vicaire de Jésus-Christ ! « *In conveniendo populos in unum et reges, ut serviant*

---

* **De Maistre.**

Domino ! » Ce sera tout ce qu'il y aura eu ici-bas, depuis la naissance du monde, de plus auguste et de plus triomphant ! Ainsi s'accomplira en sa plénitude cette double parole recueillie dans l'extase par le Voyant de Pathmos : « *Ecce Ego nova facio omnia ! Et fiet unus Pastor et unum ovile !* » Amen !

P.-S. — Heureux les petits enfants dont l'adolescence s'épanouira au souffle de ces miracles sans en avoir éprouvé le douloureux prélude ! Endormis sous leurs rideaux de gaze, ils semblent sourire dès maintenant à cette radieuse aurore !...

Inconscients sont-ils de nos religieuses et patriotiques angoisses, comme de la tendresse attentive à leur berceau, et des larmes d'amour baignant leur front pur !...

MARCEL JOYEUX.

Val d'Andlau — Alsace, 22 Novembre 1873.

Saint-Dié. — Imprimerie **L. HUMBERT.**

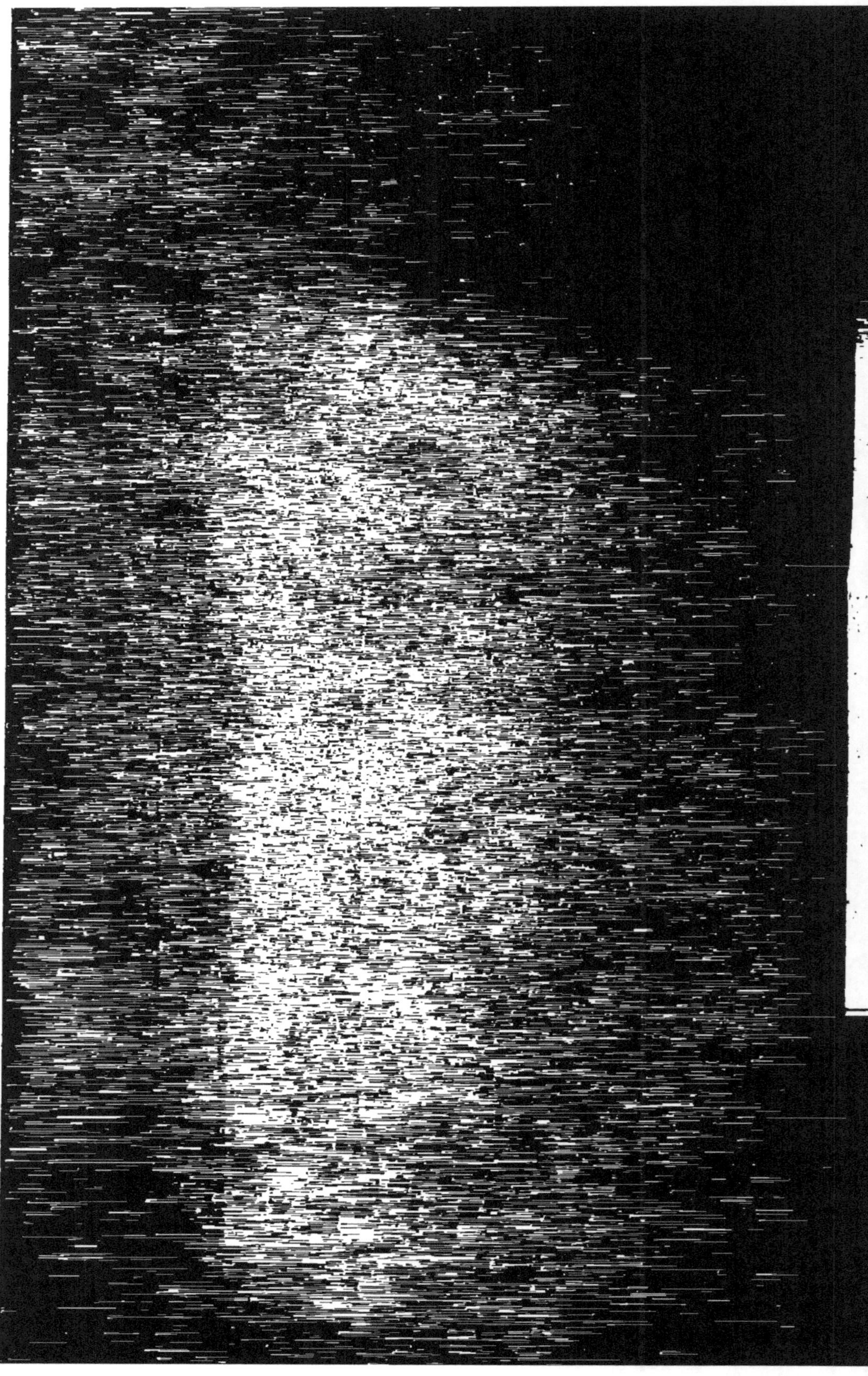

www.ingramcontent.com/pod-product-compliance
Lightning Source LLC
Chambersburg PA
CBHW050807070726
47595CB00015B/3015